ENFOQUE EN LA HISTORIA DE ESTADOS UNIDOS

La guerra anglo-estadounidense de 1812

nuevos desafíos para una nueva nación

Pilar Álvarez
Traducido por Esther Sarfatti

PowerKiDS press
NEW YORK

Published in 2020 by The Rosen Publishing Group, Inc.
29 East 21st Street, New York, NY 10010

Translator: Esther Sarfatti
Book Design: Tanya Dellaccio

Photo Credits: Cover, p. 17 Universal History Archive / Universal Images Group/Getty Images; p. 5 DEA PICTURE LIBRARY/De Agostini Picture Library/Getty Images; p. 6 Georgios Kollidas/Shutterstock.com; p. 7 De Agostini / A. Dagli Orti/De Agostini Picture Library/Getty Images; p. 9 Print Collector / Hulton Fine Art Collection/Getty Images; pp. 10, 11, 13, 19 courtesy of Library Of Congress; p. 12 https://commons.wikimedia.org/wiki/File:Rembrandt_Peale_-_William_Henry_Harrison_-_Google_Art_Project.jpg; p. 14 https://commons.wikimedia.org/wiki/File:1812_War_Declaration.jpg; p. 15 https://commons.wikimedia.org/wiki/File:James_Madison.jpg; pp. 18, 21 Everett Historical/Shutterstock.com p. 20 https://commons.wikimedia.org/wiki/File:Andrew_Jackson.jpg.

ISBN 9781725315884 (pbk.)
ISBN 9781725315891 (eBook)

Manufactured in the United States of America

CPSIA Compliance Information: Batch #CG19WL: For further information contact Rosen Publishing, New York, New York at 1-800-237-9932.

CONTENIDO

PRESERVAR LA NACIÓN. 4
EL TRASFONDO DE LA GUERRA 6
ATRAPADOS EN EL MEDIO. 8
ESTADOS UNIDOS RESPONDE 10
RELACIONES POCO AMISTOSAS 12
LA GUERRA DEL SEÑOR MADISON 14
BATALLAS NAVALES 16
ARDE LA CAPITAL 18
JACKSON Y NUEVA ORLEANS 20
EL FINAL DE LA GUERRA. 22
GLOSARIO 23
ÍNDICE 24
LISTA DE FUENTES PRIMARIAS. 24

PRESERVAR LA NACIÓN

Estados Unidos logró oficialmente su independencia como país en 1783, después de luchar ocho años durante la guerra de Independencia contra Gran Bretaña. En los años siguientes, el país se duplicó en tamaño gracias a la compra de Luisiana. Los estadounidenses comenzaron a mudarse al oeste de los montes Apalaches. El país estaba cambiando, definiendo su **identidad** y haciéndose más fuerte.

Seguramente nadie esperaba que hubiera una guerra en la nueva nación tan poco tiempo después de la anterior. Pero, en 1812, Estados Unidos anunció que estaba en guerra de nuevo con Gran Bretaña.

La guerra anglo-estadounidense de 1812 puede ser difícil de entender. Sus causas fueron **complejas** y existían años antes de que comenzaran los combates. Sus resultados tampoco fueron muy claros. Sin embargo, esta guerra sirvió para que otras naciones vieran a Estados Unidos como un país fuerte. También mostró al mundo que los estadounidenses estaban listos para luchar por proteger y preservar su creciente nación.

Durante la guerra anglo-estadounidense de 1812, hubo batallas por todo el país, desde el estado de Nueva York al norte hasta Nueva Orleans al sur. Aquí aparece la batalla de Plattsburgh, Nueva York.

EL TRASFONDO DE LA GUERRA

Las causas de la guerra anglo-estadounidense de 1812 fueron los conflictos que tuvieron lugar en Europa a principios del siglo XIX. Napoleón Bonaparte se convirtió en líder de Francia en 1799. En 1804, se declaró a sí mismo emperador. Durante las guerras napoleónicas, Francia se hizo con el control de gran parte de Europa. Gran Bretaña y Francia estuvieron en guerra durante esta época.

Napoleón Bonaparte

Napoleón y su ejército invadieron Rusia en 1812. La invasión fracasó terriblemente y el liderazgo de Napoleón en Francia comenzó a debilitarse.

Estados Unidos permaneció neutral durante estas guerras. Eso significa que no tomó partido. La neutralidad presentaba una gran oportunidad comercial. No había comercio entre Francia y Gran Bretaña debido a la guerra. Como Estados Unidos no estaba en guerra, podía vender a ambos países. Cuando los comerciantes y negocios estadounidenses enviaban barcos a Gran Bretaña y Francia esperaban que pudieran viajar libremente.

En aquel momento, Estados Unidos creía que "los barcos libres hacen libres los bienes". Esto significa que los países no debían **interferir** en los barcos que comerciaban con sus enemigos. Es decir, los bienes se consideraban "libres" cuando viajaban en un barco de un país neutral.

ATRAPADOS EN EL MEDIO

Aunque Estados Unidos quería comerciar con ambos países, tanto Francia como Gran Bretaña trataron de impedírselo. En 1805, los británicos intentaron **bloquear** los puertos franceses. Como respuesta, Francia cortó el acceso de Gran Bretaña a los barcos comerciales. En 1806, Francia dio un paso más, diciendo que los barcos que visitaran puertos británicos se considerarían enemigos. Una ley posterior daba a Francia el derecho de capturar barcos que habían pasado por puertos británicos.

Por su parte, Gran Bretaña aprobó un decreto ley el 11 de noviembre de 1807, según el cual los barcos neutrales tenían que conseguir una licencia especial de Gran Bretaña para poder comerciar con Francia o sus colonias. Los barcos mercantes estadounidenses estaban atrapados en medio del conflicto. Se arriesgaban a ser capturados por los franceses o castigados por la Marina Real británica. Era un momento peligroso para los barcos mercantes a pesar de las oportunidades de ganar dinero.

Navegando por el océano en barcos enormes, los comerciantes estadounidenses llevaban productos de Gran Bretaña y Francia a Estados Unidos. Después podían vender los bienes "estadounidenses" a otros países.

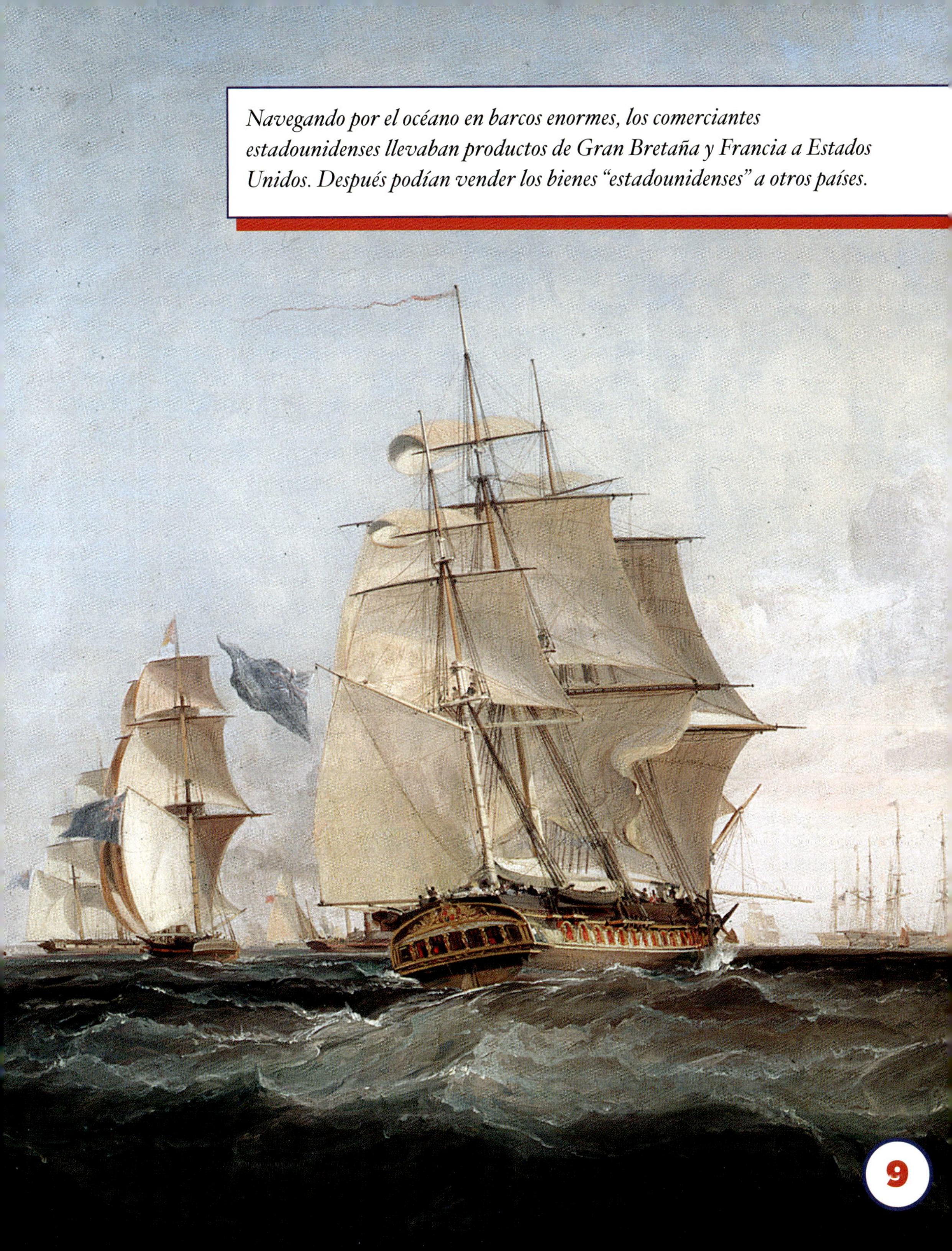

ESTADOS UNIDOS RESPONDE

Los estadounidenses estaban enojados porque Gran Bretaña había **violado** sus derechos comerciales. Las cosas empeoraron cuando Gran Bretaña comenzó a detener los barcos estadounidenses y a llevarse a sus marineros para obligarlos a formar parte de la Marina Real británica. Esta práctica se llamaba leva o reclutamiento forzoso. Muchos de los reclutados eran ciudadanos británicos que trabajaban en barcos de Estados Unidos. También reclutaron a marineros estadounidenses. Para el año 1811, al menos 6 000 personas que decían ser ciudadanos estadounidenses habían sido obligados a unirse a la Marina británica.

Para muchos estadounidenses, la leva violaba el derecho a la libertad, una de las ideas sobre las cuales se construyó Estados Unidos.

En esta caricatura política de 1808, Thomas Jefferson defiende la Ley de Embargo ante comerciantes estadounidenses enojados porque están perdiendo dinero. Jefferson dice que con la ley conseguirán la protección y el favor de Napoleón. Napoleón está detrás de Jefferson, animándole a defender la ley.

La respuesta de Estados Unidos a este problema fue la Ley de Embargo de 1807. Aprobada bajo el presidente Thomas Jefferson, esta ley **prohibía** el comercio con todos los países de Europa, así como importar o traer mercancía británica.

Lo cierto es que la Ley de Embargo hizo daño a la economía de Estados Unidos. Fue reemplazada por la Ley de No Relaciones Comerciales en 1809, la cual solo prohibía el comercio con Francia y Gran Bretaña. Según esta ley, podía volver a haber comercio con estos países si cambiaban sus políticas. Ninguno de los dos le prestó atención y el **caos** continuó.

RELACIONES POCO AMISTOSAS

Mientras tanto, en Estados Unidos ciertos problemas también llevaron el país a la guerra. Durante esta época, muchos estadounidenses creían que su país tenía la obligación de ocupar la tierra de costa a costa. Algunos comenzaron a mudarse al Oeste ocupando tierras que pertenecían a los nativos americanos.

Las relaciones entre los nativos americanos y los colonos no siempre eran amistosas. Tecumseh y Tenskwatawa, dos hombres de la tribu shawnee, formaron una **confederación**

William Henry Harrison lideró las fuerzas armadas que derrotaron a los nativos americanos en la batalla de Tippecanoe. Harrison se convirtió en héroe de la guerra y, más tarde, en presidente de Estados Unidos.

Las fuerzas armadas de Estados Unidos perdieron a 62 hombres en la batalla de Tippecanoe. No se sabe cuántos nativos americanos murieron.

para luchar contra la creciente presencia estadounidense en su territorio. Ellos vivían en lo que ahora es Indiana.

En esta época, Gran Bretaña controlaba Canadá, por lo que su presencia en Norteamérica era fuerte. Algunos estadounidenses opinaban que los británicos empeoraban las relaciones entre ellos y los pueblos nativos. Muchos nativos americanos **se aliaron** con los británicos después de la derrota de la confederación india en la batalla de Tippecanoe en 1811.

Se sospechaba que los británicos estaban dando armas a los nativos americanos para que atacaran a Estados Unidos. Para liberarse de esta amenaza, los estadounidenses creían que debían echar a los británicos de Canadá. Se acercaba la guerra.

LA GUERRA DEL SEÑOR MADISON

En 1811, el presidente James Madison pidió reunirse con el Congreso. Un grupo de congresistas conocidos como los Halcones de Guerra habló acerca de Gran Bretaña y sus políticas. Liderado por Henry Clay, de Kentucky, los Halcones de Guerra se quejaron de la política de decretos leyes. También hablaron en contra de la leva y expresaron su preocupación por la relación de Gran Bretaña con los grupos de nativos americanos. Los Halcones de Guerra estaban a favor de la guerra y su argumento era convincente. El 18 de junio de

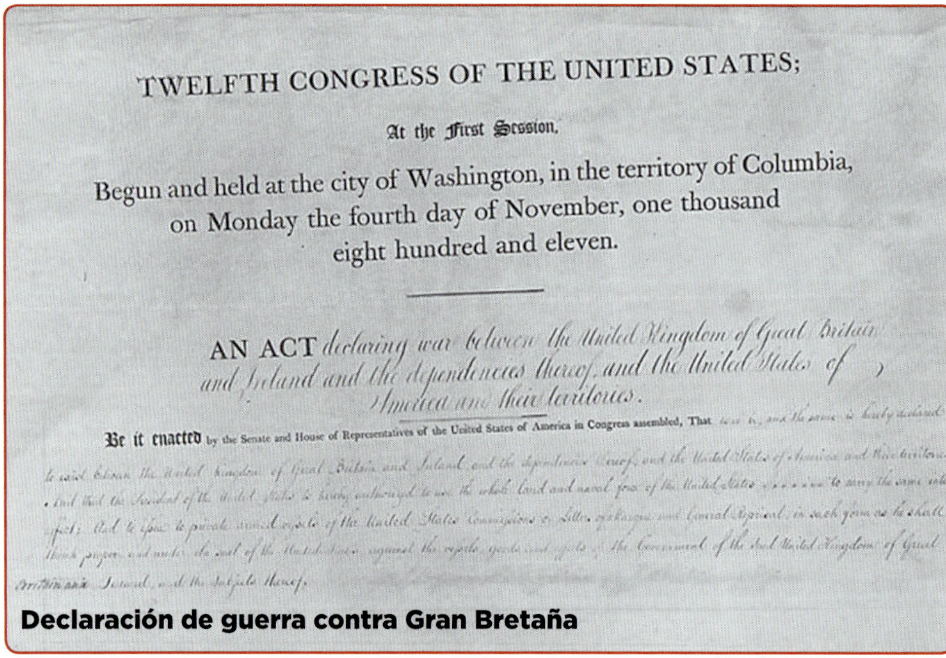

TWELFTH CONGRESS OF THE UNITED STATES;

At the First Session,

Begun and held at the city of Washington, in the territory of Columbia, on Monday the fourth day of November, one thousand eight hundred and eleven.

AN ACT declaring war between the United Kingdom of Great Britain and Ireland and the dependencies thereof, and the United States of America and their territories.

Be it enacted by the Senate and House of Representatives of the United States of America in Congress assembled, That

Declaración de guerra contra Gran Bretaña

Gran Bretaña continental está a miles de millas de Estados Unidos, al otro lado del Atlántico. Atacar a Canadá fue la forma más rápida de alcanzar a los británicos.

La guerra anglo-estadounidense de 1812 a menudo se llama "la guerra de Madison", ya que comenzó durante su presidencia.

1812, Madison firmó una declaración de guerra contra Gran Bretaña.

Los británicos no tenían interés en ir a la guerra con Estados Unidos. Estaban más preocupados por sus problemas con Francia. Sin embargo, tenían que proteger sus territorios en Canadá. Aunque no le sobraban soldados, la **milicia** canadiense, con la ayuda de los nativos americanos, trató de defender la frontera.

En julio de 1812, Estados Unidos intentó invadir Canadá. Sin embargo, su ejército era débil y se retiró rápidamente sin un solo disparo. En agosto, Gran Bretaña capturó Detroit, en el estado actual de Michigan. Otros intentos de tomar posesión de tierras canadienses fracasaron por completo. Esto hizo mucho daño a la **moral** estadounidense.

BATALLAS NAVALES

Las fuerzas armadas británicas superaban a las estadounidenses en número de soldados y en equipo. Sin embargo, la Marina de Estados Unidos logró algunas victorias importantes en los primeros meses de la guerra.

El USS Constitution era un gran buque de guerra. En 1812, salió de Boston al encuentro del HMS Guerriere cerca de Halifax, Canadá. Los dos barcos dispararon sus cañones durante al menos tres horas. Al final, el Guerriere quedó tan dañado que el capitán del Constitucion, Isaac Hull, lo quemó, en lugar de reclamarlo como premio. Esta fue la primera gran victoria sobre los británicos. Después de esta batalla, el USS Constitution se ganó el apodo de "Old Ironsides" (flancos de hierro).

El 10 de septiembre de 1813, un vigilante estadounidense vio que se acercaban barcos británicos por el lago Erie. En la batalla que siguió, los británicos tuvieron éxito al principio, pero, gracias al comandante Oliver Hazard Perry y su hábil manejo de la **flota**, Estados Unidos ganó. Con esta victoria, los estadounidenses pudieron tomar el control del lago Erie, cortando las rutas de suministro a Detroit. Los británicos finalmente abandonaron la ciudad.

El comandante Perry es conocido por el mensaje que tenía en su bandera de combate personal: "No rindan el barco".

ARDE LA CAPITAL

Algunos historiadores dicen que tal vez Estados Unidos tuvo más éxito al principio de la guerra porque Gran Bretaña estaba ocupada con sus problemas con Francia. Cuando esos problemas se resolvieron en 1814, Gran Bretaña ya pudo concentrarse en la guerra con Estados Unidos.

La estrategia de los británicos incluía hacer **incursiones** en los pueblos de la costa este y quemarlos. En agosto de 1814, unos 4 000 soldados británicos llegaron a la región de la bahía de Chesapeake. Viajaron por el río Patuxent hasta llegar a Maryland. Iban camino a Washington D. C.

La quema de Washington D. C.

Los eventos de Fort McHenry inspiraron una canción muy famosa. Francis Scott Key estaba a bordo de un barco en el puerto de Baltimore cuando los británicos bombardearon el fuerte McHenry. A la mañana siguiente vio ondear la bandera de Estados Unidos sobre el fuerte. Escribió un poema llamado "Defensa del fuerte M'Henry", que luego se convirtió en "The Star Spangled Banner" ("la bandera adornada de estrellas"), himno nacional de Estados Unidos desde 1931.

El presidente Madison tuvo noticia de que el ejército británico planeaba atacar la capital, pero no hizo mucho por protegerla. La gente comenzó a huir de la ciudad a medida que avanzaban las tropas. El 24 de agosto, los británicos entraron en la ciudad y quemaron la Casa Blanca y el edificio del Capitolio, entre otros. Después pasaron a Baltimore, Maryland. Allí, lucharon contra las fuerzas estadounidenses. Los barcos de guerra **bombardearon** el fuerte McHenry, pero no pudieron capturarlo. Los británicos se retiraron poco después.

JACKSON Y NUEVA ORLEANS

Estados Unidos y Gran Bretaña entraron en conversaciones de paz en 1814. El 24 de diciembre de 1814 firmaron el Tratado de Gante, que puso fin oficialmente a la guerra. Las noticias tardaron varios meses en llegar a Estados Unidos, donde la lucha continuaba.

Andrew Jackson de Tennessee dirigió las fuerzas armadas estadounidenses contra los indios creek de 1813 a 1814. Aliados con los británicos, los creeks habían hecho

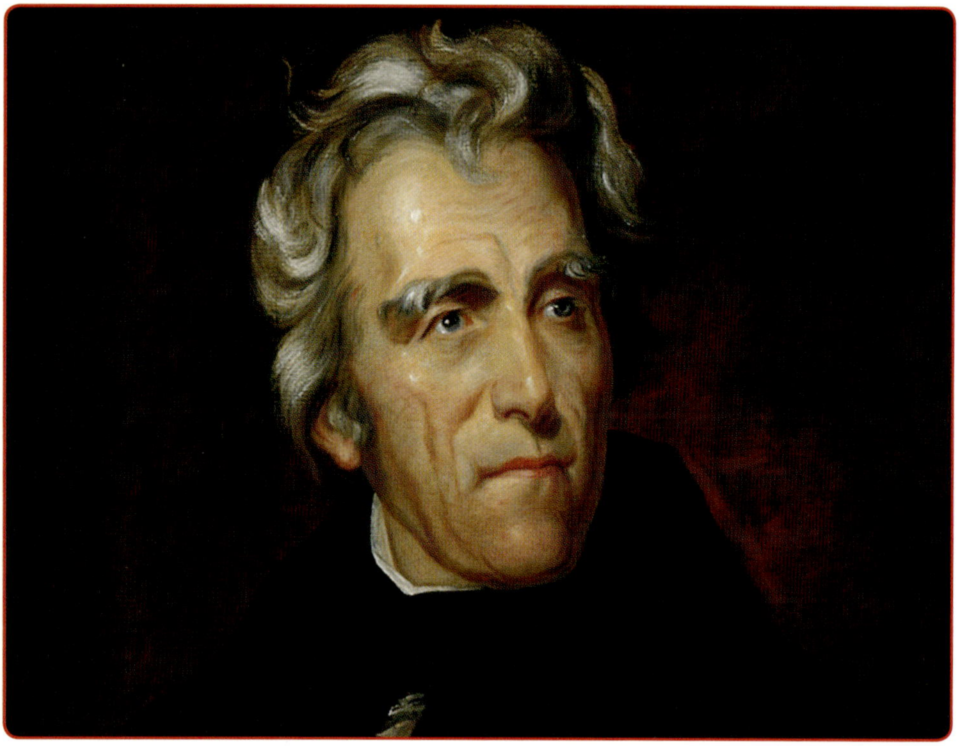

Andrew Jackson

Andrew Jackson dirige sus tropas durante la batalla de Nueva Orleans.

incursiones en asentamientos en el sur de Estados Unidos. Las tropas de Jackson derrotaron a los creeks y Jackson se convirtió en un general importante del Ejército de Estados Unidos.

A finales de 1814, Jackson supo que las tropas británicas planeaban capturar la ciudad de Nueva Orleans. Llegó antes y reunió un ejército peculiar compuesto de milicianos, hombres negros libres, nativos americanos e incluso piratas. El ejército era inexperto y tenía menos hombres que el británico. Sin embargo, ganó la batalla de Nueva Orleans el 8 de enero, después de luchar durante horas. Jackson se convirtió en héroe nacional.

EL FINAL DE LA GUERRA

El Congreso aprobó el Tratado de Gante el 16 de febrero de 1815. Con su firma, el presidente Madison oficialmente puso fin a la guerra. La noticia tardó en llegar al Sur y a la frontera estadounidense, por lo que el combate continuó algunos meses después de la firma del tratado.

La guerra anglo-estadounidense de 1812 no tuvo un resultado claro, ya que no ganó ninguno de los dos bandos. Estados Unidos no consiguió que los británicos cambiaran las políticas de comercio y de levas que habían causado la guerra. Las fronteras entre los territorios británicos y estadounidenses siguieron iguales. Entonces, ¿por qué fue importante la guerra?

La guerra anglo-estadounidense de 1812 ayudó a Estados Unidos a crear su identidad. Los estadounidenses se sentían orgullosos de que su ejército y marina hubieran podido ganar algunas batallas contra las poderosas fuerzas armadas de Gran Bretaña. La guerra inspiró una canción patriótica que se convertiría en nuestro himno nacional. Dos héroes de la guerra, Andrew Jackson y William Henry Harrison, se convirtieron más tarde en presidentes. Aunque la guerra anglo-estadounidense de 1812 no sea memorable para algunas personas, la nueva nación supo enfrentarse de forma competente a los desafíos y, como resultado, se hizo más fuerte.

GLOSARIO

aliarse: unirse para apoyar una causa.

bloquear: cerrar un lugar para impedir que entren o salgan mercancías o personas.

bombardear: atacar de forma continuada, normalmente con bombas.

caos: confusión total.

complejo: difícil de comprender.

confederación: un grupo de personas que se unen por una causa determinada.

flota: un grupo de barcos.

identidad: los rasgos que definen a alguien o algo.

incursión: ataque sorpresa llevado a cabo por fuerzas armadas enemigas.

interferir: impedir que algo se lleve a cabo correctamente.

milicia: un ejército formado por civiles.

moral: confianza o ilusión que uno siente por algo.

prohibir: no permitir.

violar: romper o no respetar una regla o ley.

ÍNDICE

B

batalla de Tippecanoe, 12, 13

Bonaparte, Napoleón, 6, 7

C

Canadá, 13, 14, 15, 16

Clay, Henry, 14

D

decretos ley, 8, 14

Detroit, 15, 16

F

fuerte McHenry, 19

Francia, 6, 7, 8, 9, 11, 15, 18

G

Gran Bretaña, 4, 6, 7, 8, 9, 10, 11, 13, 14, 15, 16, 18, 19, 20, 22

guerra de Independencia de Estados Unidos, 4

guerras napoleónicas, 6

H

Halcones de Guerra, 14

Harrison, William Henry, 12, 22

Hull, Isaac, 16

J

Jackson, Andrew, 20, 21, 22

Jefferson, Thomas, 11

K

Key, Francis Scott, 19

L

Ley de Embargo, 11

Ley de No Relaciones Comerciales, 11

M

Madison, James, 14, 15, 19, 22

N

Nueva Orleans, 5, 21

Nueva York, 5

P

Perry, Oliver Hazard, 16, 17

T

Tecumseh, 12

Tenskwatawa, 12

Tratado de Gante, 20, 22

U

USS Constitution, 16

W

Washington D. C., 18, 19

FUENTES PRIMARIAS

Página 11: Caricatura política sobre la Ley de Embargo. Creada por Cruikshank. Publicada por Walker & Cornhill. Estampado coloreado a mano. 15 de octubre de 1808. Actualmente guardada en la Biblioteca del Congreso, División de Estampados y Fotografías, Washington, D. C.

Página 12: Retrato de William Henry Harrison. Creado por Rembrandt Peale. Óleo sobre lienzo. Ca. 1813. Actualmente guardado en la Galería Nacional de Retratos del Instituto Smithsoniano, Washington D. C.

Página 15: Retrato de James Madison. Creado por John Vanderlyn. Óleo sobre lienzo. 1816. Actualmente guardado en la Casa Blanca, Washington D. C.